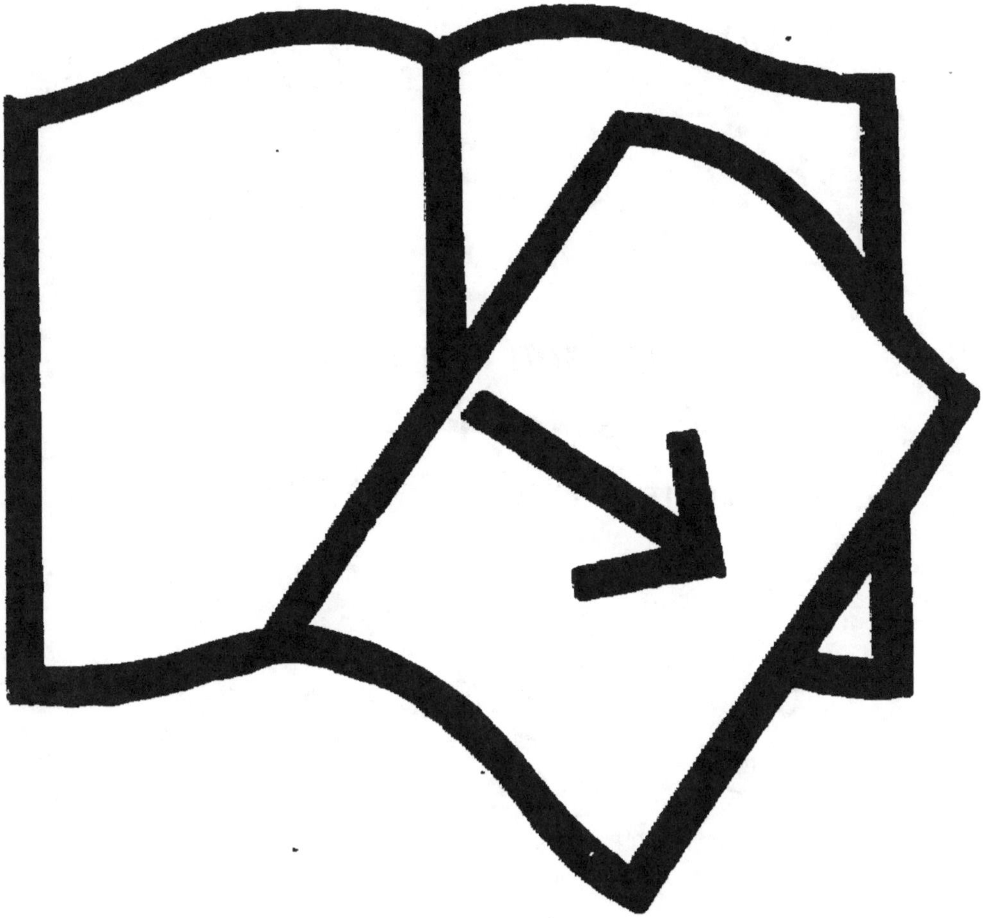

Couvertures supérieure et inférieure manquantes

LES DÉBORDEMENTS DE LA GARONNE

DANS L'AGENAIS

DEPUIS LES TEMPS ANCIENS JUSQU'A NOS JOURS

LES

DÉBORDEMENTS DE LA GARONNE

DANS L'AGENAIS

DEPUIS LES TEMPS ANCIENS JUSQU'A NOS JOURS

PAR

M. JULES SERRET

LAURÉAT ET MEMBRE DE L'ACADÉMIE DES SCIENCES, BELLES-LETTRES ET ARTS DE BORDEAUX,
DE LA SOCIÉTÉ DE STATISTIQUE DE PARIS, DE LA SOCIÉTÉ DES SCIENCES,
LETTRES ET ARTS D'AGEN, ETC.

AGEN

IMPRIMERIE DE PROSPER NOUBEL

—

1874

Le bassin hydrographique de la Garonne, d'une longueur de 505 kilomètres, se partage naturellement en trois parties distinctes :

La 1ʳᵉ comprend la région des sources proprement dites ;

La 2ᵉ — la section fluviale, de Toulouse à Bordeaux ;

La 3ᵉ — la section maritime, de Bordeaux à l'Océan.

Nous examinerons sommairement les parages supérieurs, pour porter plus spécialement notre attention sur la configuration centrale du fleuve, laissant de côté la dernière section, qui obéit absolument aux influences océaniques.

A l'extrémité de la vallée d'Aran, et près du village de Trédos, sur le territoire espagnol, deux belles fontaines sortent des flancs d'un rocher et sont comme les yeux (ojos), ou comme nous dirions, les sources du fleuve. Leur altitude est de 1,872 mètres au-dessus du niveau de la mer, pris à Royan.

Le bassin supérieur de la Garonne est d'une superficie d'un million d'hectares ou de 10,240 kilomètres carrés.

La plaine et la montagne se subdivisent en deux parties presque égales :

La première contient 4,961 kilomètres carrés.

La seconde — 5,279 —

Le régime de la Garonne, en amont de Toulouse, est pour ainsi dire torrentiel.

De Trédos au Pont du Roy (origine du flottage), sur 48 kilomètres, la pente est celle des Gaves des Pyrénées, de 27 mètres par 1,000 mètres ;

Du Pont du Roy au confluent du Salat (origine de la navigation), sur 86 kilomètres de parcours, la déclivité est de 3ᵐ 79 par kilomètre.

Enfin, du confluent du Salat à Toulouse, sur 80 kilomètres, elle s'affaiblit et n'atteint plus que 1ᵐ 65 par 1,000 mètres.

Comme on le voit, les pentes des eaux ordinaires se distribuent d'une manière fort inégale, ainsi qu'il arrive à toute rivière qui charrie des galets et des cailloux. Il n'y a aucun intérêt de flottage ou de navigation à considérer.

Tous les météorologistes ont observé qu'il tombe trois fois plus d'eau sous forme de pluie et de neiges sur les montagnes que sur les plaines.

Les vents qui amènent la pluie dans cette zône, sont principalement les vents d'Ouest et de Nord-Ouest ; — ce qui différencie le climat des Pyrénées de celui des Cévennes. Ce dernier, en effet, sans être en dehors de l'influence des courants aériens venant de l'Atlantique, paraît recevoir ses plus grandes pluies de l'action des vents de Sud-Est traversant le bassin de la Méditerranée.

La fusion des neiges est en rapport avec la hauteur des montagnes. Ainsi elles restent :

1 mois intactes à	650 mètres de hauteur au-dessus de la mer.
2 "	930
3 "	1,170
4 "	1,370 —
5 "	1,530
7 "	1,750 —
9 "	1,950 —
10 "	2,090 —
11 "	2,240 —
12 "	2,450 —

Ces observations ont été faites sur le versant français dans les vallées du Salat, d'Aleth, , de l'Arac et du Garbet.

Quant aux galets charriés par la Garonne et enlevés par blocs aux roches des montagnes, ils s'avancent rapidement selon le degré de déclivité du lit et arrivent graduellement à former des bancs de graviers de distance en distance. Ces galets diminuent de grosseur au fur et à mesure que la pente de la rivière s'amoindrit, de telle sorte qu'aux approches de Langon et de Bordeaux, le fleuve ne contient plus que du sable et de la vase.

La section fluviale comprise entre Toulouse et Bordeaux est la portion la plus riche et la plus intéressante de cette magnifique zône.

Le fleuve baigne 4 départements :

La Haute-Garonne, sur un parcours de.....   33.298 mètres.
Le Tarn-et-Garonne,   —   81.000   —
Le Lot-et-Garonne ,   —   107.750   —
La Gironde,   —   69.960   —

     ENSEMBLE.................   292.000 mètres.

Son étendue.

Le lit moyen du fleuve a une largeur de 120ᵐ à Toulouse.
                     150   à Agen.
                     180   à Langoiran.
             et 500   à Bordeaux.

Largeur moyenne du lit du fleuve.

Le lit majeur par lequel s'écoulent les grands débordements mesure :

Largeur du lit des crues.

Dans la haute Garonne..... ....   1.390 mètres de largeur.

Dans le Tarn-et-Garonne :
        en amont du Tarn...   2.948   —
        en aval...........   3.067   —

Dans le Lot-et-Garonne :
        en amont d'Agen.....   3.752
        en amont du Lot.. .   3.473   —
        en aval du Lot.... ..   3.994   —

La Garonne est généralement peu encaissée.

Ses berges sont formées d'une couche d'alluvions recouvrant des bancs de graviers.

Nature des berges

Ces bancs reposent eux-mêmes sur le tuf qui s'aperçoit partout lorsque l'étiage arrive.

Les sinuosités que décrit le tracé du fleuve jouent un grand rôle dans la formation des profondeurs du thalweg. Sur 82 courbes, la rive gauche en compte 47 et la rive droite 35 entre Toulouse et Bordeaux. Le plus grand rayon de courbure est celui de la Garonnelle , 7,400 mètres, et le plus faible celui de Caudrot, 255 mètres.

Sinuosités du lit. Nombre des courbes sur chaque rive.

Pente ordinaire. La pente ordinaire est répartie en une multitude de biefs et de rapides. Elle est de 126 mètres 47 cent., sur l'ensemble des 292 kilomètres qui séparent Toulouse de Bordeaux, c'est-à-dire qu'elle varie entre 0ᵐ 75 et 0ᵐ 11 par kilomètre. La moyenne admise est celle de 0ᵐ 43 par kilomètre.

Pente des crues. Cette pente est égale à la pente moyenne de la vallée.

Vitesse des vagues débordées. La vitesse de la propagation de la vague est bien différente de la vitesse de l'eau. La première est excessive ; la deuxième très faible.

En descendant la Garonne pendant une crue sur un bateau monté par 4 rameurs, on fait 20 kilom. à l'heure.

Ainsi, partant d'Agen, à 10 heures du matin, après le maximum d'une crue devant cette ville, on rejoint le maximum de la vague près d'Aiguillon ; puis, on la devance de plus en plus ; — de telle sorte, qu'on arrive à La Réole, 18 heures avant que le maximum soit venu devant ce port.

Module ou débit moyen du fleuve. Le module ou mesure des eaux débitées par la Garonne a été souvent l'objet des calculs des ingénieurs.

Au zéro de l'échelle d'étiage,

le fleuve roule..............	35 m. cub. par seconde,	à Toulouse.
et	102	—	à Agen.
A 1ᵐ de hauteur............	146	—	à Toulouse.
—	422	—	à Agen.
A 2ᵐ —	556	—	à Toulouse.
—	828	—	à Agen.
A 2ᵐ 40 M. Baumgarten a trouvé	639	—	à Marmande.
A 2ᵐ 80 M. Fargues a trouvé..	680	—	à Castets.
A 2ᵐ 63 ce même ingénieur a trouvé................	689	—	à Langon.

Débit annuel. Le débit moyen annuel de la Garonne en ce dernier lieu, est donc de 21 milliards 920 millions de mètres cubes d'eau.

Débit mensuel. En comparant les débits mensuels, on arrive à ce résultat que c'est pendant le mois d'*avril* qu'il passe le plus d'eau, et pendant le mois d'*août*, qu'il en passe le moins.

L'eau retenue par les marées au-dessous de Castets est de 5,000 mètres cubes.

Lorsque le jusan ou l'eau du fleuve par opposition au flot de l'Océan est à 2ᵐ 50, les plus grandes marées ne produisent à Langon qu'un gonflement de 0ᵐ 30 centimètres et tout effet cesse, lorsque le jusan dépasse 5 et 6 mètres.

Les crues du fleuve ne prennent d'importance qu'à partir de 2ᵐ 50 en amont du confluent du Tarn, et de 5 mètres en aval de ce point.

Les calculs dressés pour connaître les volumes débités n'ont d'exactitude véritable que pour ceux compris entre 5 et 7 mètres.

Les voici :

De 5 mètres	à	5ᵐ 40 de hauteur au-dessus de l'étiage...	2,500 mètres par seconde.	
De 5ᵐ 40	à	5ᵐ 80	id.......... 2,850	—
De 5ᵐ 80	à	6ᵐ 20	id.......... 3.450	—
De 6ᵐ 20	à	6ᵐ 60	id.......... 3,850	—
De 6ᵐ 60	à	7ᵐ 00	id.......... 4,100	—

Au dessus de 7 mètres les évaluations sont approximatives.

De 7ᵐ 00	à	7ᵐ 40	id.......... 4,550	m. c.
De 8ᵐ 00	à	8ᵐ 60	id.......... 6,050	—
De 8ᵐ 60	à	9ᵐ 20	id.......... 6,800	—
De 9ᵐ 20	à	10ᵐ 00	id.......... 7,550	—
De 10ᵐ 00	à	11ᵐ 00	id.......... 8,250	—

L'énorme débit de 8,250 mètres cubes par seconde s'est présenté plusieurs fois, comme on le verra dans la chronologie des grandes crues de la Garonne.

CHRONOLOGIE DES INONDATIONS DE LA GARONNE.

La civilisation a fait à peu près disparaître ou du moins a considérablement atténué les famines, les épidémies et ces pestes noires qui se lisent dans les annales du moyen-âge. Seul, le fléau des inondations nous est resté comme un legs de ce vieux passé !

De même qu'au temps où la Gaule était couverte de forêts, ce fléau est victorieux des endiguements, des dérivations, des reboisements eux-mêmes, dont on espère tant ! Il ne se passe pas, on le sait, quelques 5 ou 10 ans, sans que l'une de nos provinces ne se trouve tout-à-coup submergée par des masses d'eau provenant des pluies. En peu d'instants, les terres végétales, les moissons, les métairies, les ponts sont dévastés, les routes latérales et les chemins de fer eux-mêmes emportés.

Dieu nous garde le plus possible du retour de ces catastrophes qui désolent l'humanité et ruinent tant de contrées !

Passons rapidement en revue cette longue série de débordements, à partir des époques où la tradition et les annales de notre région nous ont légué la mémoire de ces tristes souvenirs.

Sans remonter au déluge universel, qui arriva, selon les Saintes Ecritures, 3,300 avant Jésus-Christ, nous découvrons que le premier débordement signalé de la Garonne eut lieu vers la fin du vi° siècle.

vi° siècle « En octobre 580, notre pays, dit Grégoire de Tours, fut accablé d'un tel déluge d'eau que la pluie ne cessa de tomber pendant douze jours. Le territoire fut inondé de telle sorte que beaucoup de gens furent dans l'impossibilité de semer. Les rivières sortirent des limites qu'elles n'avaient jamais franchies ; ce qui causa la perte de beaucoup de troupeaux, un grand dommage pour l'agriculture et la ruine de beaucoup d'édifices.

« Les pluies ayant cessé, les arbres fleurirent une seconde fois, quoiqu'on fût alors au mois d'octobre.

« On vit un matin, avant la naissance du jour, un feu qui parcourut le ciel et disparut à l'horizon oriental, et on entendit partout un bruit semblable à celui d'un arbre énorme qui tombe. La ville de

Bordeaux fut violemment ébranlée par un tremblement de terre. Ses murs furent en danger de tomber. Tout le peuple effrayé de la crainte de la mort, crut que s'il ne prenait la fuite, il allait être englouti dans les maisons ; en sorte que beaucoup passèrent en d'autres cités. La commotion se fit sentir jusqu'en Espagne... d'immenses rochers se détachèrent des monts Pyrénées et écrasèrent des troupeaux et des hommes. La main de Dieu alluma dans les bourgs du territoire de Bordeaux, un incendie, qui embrasait soudainement les maisons et les champs, et dévorait toutes les plantes.

« Ces prodiges furent suivis d'une cruelle contagion qui dura grand nombre d'années. Le cours des saisons semblait dérangé : en plein été on se serait cru au cœur de l'hiver ; aussi y eut-il huit grandes inondations entre les années 580 et 592. »

Au mois de mars 585, dit la *Chronique de Frédégaire*, pendant que l'armée de Gontran poursuivait les troupes d'Aquitaine soulevées par Gondovald, la Garonne déborda et engloutit dans ses flots une multitude de soldats qui venaient de piller et d'incendier la ville du Mas-d'Agenais.

En 587, Didier, l'un des généraux de Gontran, s'empara d'Agen et fit enlever de la collégiale Saint-Caprais, où elle s'était réfugiée, la femme de Regenwald, général de Chilpéric. Il eut les plus grandes peines à la conduire à Toulouse, à cause d'un grand débordement de la Garonne.

En 588, Lupus, duc de Gascogne, profita d'une haute crue du fleuve pour s'emparer de toute la partie de l'Agenais située sur la rive gauche.

590 et 592. — Ces inondations si souvent réitérées engendrèrent des maladies épidémiques et la destruction périodique des récoltes sur de vastes étendues de pays. On fit du pain avec des pépins de raisins, des noisettes, des racines de fougère pulvérisées. Les plus affamés se jetaient sur des herbes humides qui les faisaient enfler et périr misérablement.

Fortunat écrivait : « que les eaux étaient bien grosses et bien grasses, mais que l'aspect des moissons et des vendanges était affreusement maigre. »

A cette époque, la plus grande partie de la Gaule était couverte d'épaisses forêts.

Ce n'est donc pas l'action des déboisements qui a déterminé, comme on le prétend aujourd'hui, ces effroyables calamités.

Les défrichements du sol n'ont sérieusement commencé qu'à partir de la révolution de 1789, avec l'abolition des droits féodaux.

A l'époque dont parle Frédégaire, il n'y avait ni endiguement, ni levées pour se garantir du danger des crues se renouvellant fréquemment, ni canaux de dérivation abaissant le niveau des eaux ; seulement, l'inondation n'avait pas dans ces temps reculés les désastreuses conséquences qui en ont fait, par la suite et de nos jours, l'un de nos plus grands fléaux.

De grands centres de commerce et d'industrie, des populations actives et nombreuses ne se trouvaient pas échelonnés le long des rives, et le fleuve, en sortant de son lit, ne venait pas submerger des richesses considérables, apporter l'épouvante et la désolation parmi des masses d'habitants et mettre en péril leur existence.

C'est sans doute à cette raison qu'il faut attribuer le peu de mentions accordées par les chroniqueurs anciens au phénomène des inondations. — Aussi, ne trouvons-nous aucune indication de ce genre dans les annales du septième siècle.

Les grandes crues du siècle suivant nous sont également inconnues, à l'exception de celle de 732.

En 732, au mois de septembre, au moment où Karle Martel écrasa l'armée d'Abdérame entre Tours et Poitiers, les Sarrasins, battus sur les bords de la Loire, ne purent franchir la Garonne, à cause d'une crue extraordinaire. Ces barbares saccagèrent le pays, brûlèrent les églises et ajoutèrent d'affreux malheurs à ceux du débordement, qui avait été provoqué par douze jours de pluies continuelles.

En 809, 815, 821, 826, 841, 852, 868, 886, 891, — saint Grégoire signale le retour des inondations de notre fleuve. Pendant ce siècle, « l'invasion des peuples du Nord dans nos parages, à Marmande « surtout, augmenta par leurs pillages et leurs exactions les revers « dont Dieu se servait pour châtier la pauvre humanité et lui inspirer « une terreur salutaire. »

Les populations riveraines furent réduites à se réfugier sur le versant des coteaux ; depuis trouve-t-on, à moitié côte, entre Moissac et Marmande, la trace de l'ancienne voie qui sillonnait notre grande vallée.

Louis-le-Débonnaire. né à Casseuil, près La Réole, en 778. ordonna les premiers travaux défensifs contre les inondations. Il chargea Pepin, son fils, roi d'Aquitaine, d'exécuter certaines levées sur les bords de la Garonne et de la Loire.

Les chroniques ne contiennent qu'une seule mention : celle de 991, sans commentaire. *ve siècle.*

1003, 1012, 1029, 1037. — Belleforest écrit dans ses grandes annales : *xie siècle.*

« Les pluyes furent si grandes et durèrent si longtems en Aqui-
« taine, pendant les années ci-dessus relatées, qu'il n'y eut rivière
« qui ne se desbordat et ne fist grands maulx et dégast et ne fut
« cause d'affreuse pestilence. »

En 1119. — 1120, — 1131. — 1168, — 1175, — 1196 (très grande crue). Henri II Plantagenet, roi d'Angleterre et seigneur d'Aquitaine, prescrivit des travaux pour remédier aux inondations de la Garonne, et notamment des digues insubmersibles. Il exemptait de tous droits seigneuriaux les serfs qui se dévouaient à ces entreprises. *xiie siècle.*

Louis XI renouvela ces exemptions, ainsi que Louis XIV, en 1645.

En 1206, sous Philippe Auguste, au mois de décembre, la crue fut plus forte que celle de 1196. *xiiie siècle.*

1212. Au milieu de la croisade contre les Albigeois, Simon de Montfort ne put poursuivre les hérétiques, protégés qu'ils étaient par les inondations des rivières.

1219 (avril), — 1226 (septembre). — 1277, — 1280. — 1295.

En 1306, — 1315, — 1338, — 1356, — 1362, — 1375. — 1381. Les dates restent sans autres détails. *xive siècle.*

Pendant l'hiver de 1407 — 1408. des inondations extraordinaires coincidèrent avec une saison extrêmement rigoureuse. La violence des froids fit périr quantité de pauvres gens. Beaucoup furent noyés et grand nombre de moulins et autres édifices renversés. Le duc d'Orléans fut contraint de lever le siége de quelques villes rive-raines de la Garonne et de suspendre sa lutte contre les Anglais. *xve siècle*

En 1414, — 1421, les crues se renouvelèrent.

En 1426, « au mois de juin, furent les eaux si grandes que la propre
« nuyt de Saint-Jehan. quand le feu fut allumé et que les gens dan-

« çaient autour, la Garonne crut tant, qu'elle destaindre le feu ; pour
« ce, fut faicte une procession générale et moult piteux sermons. »

En 1427, « nouveaux malheurs furent causés par l'intempérie
« exceptionnelle des saisons. Depuis la moitié du moy d'avril, jus-
« qu'au lundy de la Pentecôte, qui fut le neufvième jour de juin, il
« ne *fina* de pleuvoir. »

Au mois d'octobre 1428, dit Jehan Darnalt, en son livre sur les
Antiquités d'Agenois, « la Garonne se desborda tellement qu'elle
« entra dans la ville d'Agen, par la porte Saint-Georges. Il s'y fit
« procession générale, où fut portée de Saint-Estienne, l'image de
« Notre-Dame, sur le degré du pont de Garonne. Dès lors, l'eau
« commença à diminuer. »

La plus formidable des inondations signalées dans le cours des
âges eut lieu à la fin du mois d'octobre 1435.

Au moment où Raymond de Montpezat venait de s'emparer de
Castelmoron et de le démolir, des pluies torrentielles submergèrent
tout le bassin de la Garonne.

A Agen, la rivière atteignit une hauteur sans précédent. (12 m. 50
approximativement au-dessus de l'étiage actuel.) Elle franchit le pont
décrété par Richard Ier, roi d'Angleterre, et terminé sur les ordres
donnés le 20 janvier 1324, par Charles IV.

« Les bâtteaux, raconte Darnalt, *naviguaient par-dessus les murs
« de la ville*, au-devant des Cordeliers. L'eau entrant par la porte
« de Garonne jusques aux Jacobins, alla sur l'autel des Cordeliers
« du Capitol, plus d'une cane de hauteur, et sur l'autel des Augus-
« tins, jusqu'à la ceincture de l'image du sainct, faisant largue ceinc-
« ture autour l'image Nostre-Dame, sans la toucher. Passa aussi par
« dessus l'autel Saint Fiary, courant les rues, la place d'Agen et les
« boucheries, montant jusques à la barre de la porte du Pin. »

Les débordéments postérieurs arrivèrent :

En 1471, — 1476, — 1493, — 1496; ce dernier surgit très rapidement à la fin du mois de novembre et endommagea les terres frai-
chement ensemencées.

XVIᵉ siècle. La première grande crue du siècle de la Renaissance eut lieu en
juillet 1501.

Au sujet de celle de 1527, l'annalisie Lemaire écrit : « Nous avons
« veu depuis 10 ans, les grandes inondations des rivières, les tem-

« pêtes et tourbillons en icelles eslevés, les hommes abismés, les
« édif.es abattus et les animaux engloutis, afin que sensibles et in-
« sensibles, raisonnables et brutes se sentissent de cette ruine et que
« l'homme pensât d'où provient la cause de ces ravages, ne la réfère
« au seul effort de nature, mains plutost à justice de Dieu. »

Les débordements de 1544 et 1548 eurent lieu en novembre. D'autres en 1557, — 1561, — 1566.

La haute crue du 28 mai 1567 arriva au moment où les calvi-
nistes venaient de prêcher « leurs mondanitez, » à Nérac, sous la pro-
tection de la reine de Navarre.

Le samedi 2 décembre 1570, le débordement fut considérable.
1571, — octobre 1573, — 1578, — août 1580, — 1590.

En 1599, dit Argenton, l'inondation renversa le mur d'enceinte de
la ville, vis-à-vis le couvent des Cordeliers, au moment où on élevait
dans l'église de ces religieux un mausolée à la mémoire de Monluc,
sénéchal d'Agenois, et neveu du maréchal.

D'après les registres de la jurade déposés aux archives de l'Hôtel
de-Ville, un procès-verbal fut dressé par le juge-mage Jaydorzy,
assisté des consuls Cambefort, Jehan de Foix et Bernard Berduc,
pour constater les dommages résultant du débordement du 22 novembre 1604. La Garonne avait détruit dans la ville quatre ponts,
renversé les murailles fortifiées et bon nombre de maisons dans les
quartiers Saint-Georges et Saint-Antoine

Henry IV, témoin de l'inondation des rivières et de leurs ravages,
écrivit à Sully cette lettre mémorable :

      « Mon amy,

« .... Pour ce qui touche la ruyne des eaux, Dieu m'a baillé
« mes subjects pour les conserver comme mes enfants. Que mon
« Conseil les traicte avec charité ; — qu'on les secoure de tout ce
« que l'on jugera que je pourrai faire. Je finirai, vous asseurant que
« je vous aime bien.

               « Signé : HENRY. »

En 1605, les jurats d'Agen envoyèrent à Paris, auprès du Roy, le
consul Cambefort, sieur de Selves, pour réclamer le dégrèvement des
tailles, à propos des débordements de la Garonne. Ce fut avec peine
que Sully accorda les crédits indispensables à la restauration des
ponts renversés et des chemins royaux entièrement ravinés autour
d'Agen.

Le retour des fortes inondations eut lieu le 30 janvier 1616;

En février 1618, l'eau monta entre 9 et 10 mètres, au port d'Agen;

De 1623 à 1633, il y eut dix grandes crues successives. En 1636, les 29 et 30 mars, l'inondation fut semblable à celle de 1618;

En 1640, les 21 et 22 mars; le dimanche 24 février 1641, jour de la fête de saint Mathias; le 25 novembre 1645; le 11 avril 1646; le 9 décembre 1647.

Le 25 juillet 1652, Argenton rappelle : « que la crue envahit la « ville. Elle vint, le 26, jusqu'au puits du Saumon, au collège des « Jésuites, dépassa la porte de l'hostel de ville, renversa le mur d'en- « ceinte entre Saint-Antoine et les Jacobins. Il fallut ouvrir la Porte- « Neuve. qui avait été murée à l'occasion de la guerre, pour laisser « passer la procession d'usage. C'était la seule porte que l'eau n'eut « pas atteint. » Il y avait environ dix mètres de hauteur d'eau.

Le débordement du 1ᵉʳ mars 1648 fut très violent par sa rapidité.

En 1665, la crue parut très longue; elle commença le 18 février et se prolongea jusqu'au 10 mars. Celle de 1668 dura trois jours, du 20 au 23 juin.

L'inondation du 3 juillet 1678 fut l'objet, dans le journal de la jurade d'Agen, d'une requête adressée à la Cour du sénéchal, par les consuls de Cambes et Mongausy.

« La pluie, écrivent-ils, ne cessa de tomber depuis le 2 juillet « jusqu'au 15 du même mois. Tous les cours d'eau de la sénéchaussée « ont desbordé avec une si grande précipitation qu'ils ont inondé « tous les champs, et se jettant avec rapidité dans la Garonne, l'ont « tellement enflée qu'elle a envahi toutes les *plènes* avoisinantes, « les a ravagé par l'enlèvement de la plus grande partie des foins « coupés sur les prés et couvrant le reste des prairies de vases et « de bourbiers. En telle sorte, qu'on peut dire la perte générale, « par le notable dommage causé à tous les champs ensemencés de « bleds, mesture, seigle, orges, chanbre, millets et tous autres « menus grains dont la récolte estoit preste à coupper; quelle a « couvert d'un limon puant et espés. La plus grande partie est entié- « rement perdue et le restant bien endommagé. Quoyque cette perte « soit fort considérable, celle qui est arrivée sur les petites rivières « et dans tous les vallons et collines qui les dominent, ne l'est pas « moins, puisque les eaux y ont coulé si précipitamment quelles ont « emporté tous les guérets des champs et des vignes, enlevé tout

« ce qui s'est trouvé de foins coupés sur les prés et le surplus cou-
« vert de bourbier et de petites pierres, hors d'estat d'alimenter les
« bestiaux de longtems, endommagé la majeure partie des blés,
« mestures, seigles et autres menus grains, etc. »

Plusieurs requêtes du même genre furent transmises de divers
côtés au siége de la même juridiction. On trouve aux archives :

1° Celle de Jehan Blanc, lieutenant du juge de Cuzorn, assisté des
consuls de la localité, exposant les désastres survenus dans la vallée
de la Lemance, par le déluge qui y tomba.

2° Le procès-verbal rédigé par Pierre Labat, procureur fiscal à
Tonneins-Dessus, d'accord avec les consuls, parle du ravage extrême
occasionné par le débordement de la Garonne aux foins déjà coupés,
aux chanbres, blés, millet d'Espagne *et tabacs*, le tout enterré sous
un limon corrompu ou sous d'épais graviers. État de vive souffrance
des habitants. Ils implorent la clémence de Sa Majesté, pour soulager
leur profonde misère.

3° Enfin, les doléances des consuls de Castelsagrat au juge mage,
présentant à ce magistrat le tableau de la dévastation causée par
les eaux torrentielles de la Barguelonne, sur la vallée qu'elle baigne,
depuis Lauzerte jusqu'à la Garonne, sollicitant la généreuse inter-
vention des officiers de la Couronne en faveur des pauvres inondés,

Les derniers débordements du xvii° siècle arrivent en 1690 et 1693.

Les premiers du siècle suivant eurent lieu en 1707—1709, à la
suite de l'hiver le plus rigoureux qui ait sévi dans nos contrées. Le
23 février 1711, l'inondation fut générale en France, à la suite de
pluies diluviennes.

Dans les annales météorologiques, l'année 1712 occupe une page
qu'il est difficile d'oublier. *Lou gran aygat dé Saint-Barnabé*, c'est-
à-dire la terrible inondation du 11 juin, au moment des foires du
Gravier, jeta la consternation en prolongeant la misère au sein du
pays. L'eau atteignit 9 mètres 72 centimètres de hauteur. Elle fit de
cruels dommages aux fourrages et aux céréales du bassin de la
Garonne.

1712 — Lettre de M. de La Vrillère datée de Marly, le 7 juillet,
à ce propos, et les 27, 28, 29, 30 juin, des procès-verbaux furent dressés par les consuls, dans 29 paroisses, pour constater les
pertes éprouvées.

1725 — le 25 avril ; il tomba dans le cours de l'année   31 pouces   8 lignes d'eau.

1728 —   19 janvier   id.   37   1

1729 —   10 février   id.   31   7

1733 —   27 mai.

1735 —   15 mai ; crue très rapide en 24 heures, tout le quartier des Augustins fut noyé.

1736 —   8, 10, 12, 15 et 18 février ; les pluies, qui donnèrent 32 pouces d'eau, furent continuelles. — Le 20 février, le débordement envahit toute la vallée ; devant ce spectacle si souvent renouvelé, l'Évêque d'Agen, Mgr de Chabannes, vint généreusement au secours des inondés et obtint, pour eux, une réduction de 2,000 livres sur les tailles.

1738 —   26 janvier et 26 avril ; crues moins fortes que la précédente.

1740 —   28 décembre ; l'une des plus tristement mémorables du xviii° siècle.

1743 —   17 mai.

1749 —   15 février ; premier débordement montant à 10 pans, à la première pile du Pont-Long d'Agen.

21, 22, 23 avril ; deuxième crue moins étendue.

8 août ;   troisième   —

7 et 8 septembre ; quatrième   —

1750 —   5 août ; inondation du Gravier et des bas quartiers, l'eau diminua le 5 août et reprit son mouvement ascensionnel le soir du même jour.

1751 —   27 et 28 avril ; la crue monta à 11 pans à la pile du Pont-Long et dépassa la porte Saint-Antoine.

1755 —   23 mai.

1766 —   11 novembre. Débordement extraordinaire du Tarn, à Montauban. Le faubourg Villebourbon eut énormément à souffrir, ainsi que Moissac et les autres villes placées sur le parcours.

1768 —   3 janvier ; 1re crue, l'eau couvrit les quartiers Saint-Georges. Saint-Antoine et des Augustins, et fut à 9 mètres 50 centimètres au-dessus de l'étiage.

17 et 18 janvier ; 2e crue moins élevée.

1770 — 5, 6 et 7 avril; le trop célèbre *aygat des Rameoux* est considéré comme le *nec plus ultrà* des débordements de la Garonne.

Il fut précédé de neuf jours de pluies torrentielles et d'ouragans violents, sous l'action des vents de Sud-Ouest, qui firent fondre rapidement les masses de neiges dont les Pyrénées étaient couvertes.

Le jeudi 5 avril 1770, la rivière commença à grossir avec rapidité. Dans l'après-midi, le Gravier fut couvert d'eau; la crue augmentait si promptement que le lendemain vendredi, elle entrait dans la ville par plusieurs endroits. Le mur d'enceinte fut renversé entre la porte Saint-Antoine et celle de Saint-Georges.

Le couvent et l'église des Cordeliers furent minés, et le cloitre décarrelé, laissa à nu les tombeaux qui furent affouillés et les cadavres enlevés.

De même aux Augustins, où l'église contenait plus de sept pieds d'eau et où les sépultures eurent le même sort. Les religieux évacuèrent le couvent.

Au Chapelet, l'eau refluait de tous côtés, passait sous les Cornières, à gauche et à droite de la place du Marché, et se rejoignait par les rues Puits-du-Saumon, Saint-Hilaire et de la Grande-Horloge.

Les maisons des rues Fon - de - Raché, Quillou, Maillé, Garonne et Saint-Antoine, et celles jusqu'au milieu de la place du Palais du Présidial paraissaient bâties sur un véritable lac.

A la Petite-Boucherie, au croisement de Cajarc avec les rues Molinier, Grenouilla et des Arènes, les habitations étaient entourées de plus de quatre pans d'eau au-dessus des pavés.

Les échevins consternés d'une si effrayante catastrophe, ordonnèrent la construction de radeaux pour secourir immédiatement les victimes et venir en aide aux malheureux réfugiés sur le faite des maisons. On distribua de fenêtre, en fenêtre, autant que possible, du pain et des vivres, pour ne pas laisser mourir de faim les pauvres prisonniers.

En l'absence de l'Évêque M⁹ʳ d'Usson de Bonnac, alors à Paris, MM. les vicaires généraux firent, le vendredi matin, une procession solennelle à laquelle assistèrent les échevins en robe, les magistrats du Présidial et toutes les corporations religieuses.

D'après les usages traditionnels, les reliques des quatre corps saints de l'Agenais furent portées aux Jacobins, où une grande messe fut chantée, et de là, au Pont-Long, où l'official les déposa pendant trois jours, sous un pavillon dressé sur l'eau, afin d'obtenir, par leur intercession, la miséricorde de Dieu.

Le samedi 7 avril, vers quatre heures de l'après-midi, le fleuve commença à décroître lentement. Le lendemain dimanche des Rameaux, vers six heures du soir, le Gravier apparut aux endroits les plus élevés.

L'inondation s'éleva à Agen à 33 pieds (10 mètres 89) et à 3 pans 2 pouces plus haut qu'en juin 1712.

Toutes les localités du bassin de la Garonne eurent horriblement à souffrir.

A Toulouse, l'eau couvrit une grande partie de la ville et y atteignit 7 mètres 36 au-dessus de l'étiage.

A Nicole et à Marmande, le débordement offrait le spectacle d'un grand bras de mer jaunâtre et torrentiel. La crue y marquait respectivement 11 mètres 50 et 12 mètres de hauteur ; à Castets, 13^m 97. A Bordeaux, où l'action des hautes marées équinoxiales de l'Océan rend à peu près inoffensif et imperceptible le débit des grandes crues, on y éprouva, par exception, le choc de ce déluge d'eau ayant 9 mètres 52 de hauteur. Les courants brisèrent les cables et les chaines des navires ancrés dans le port et les entrainèrent à la dérive, jusqu'au devant de Blaye,

« La désolation des campagnes fut à son comble. Durant ces trois
« mortelles journées, on voyait passer à chaque instant des arbres
« déracinés, des poutres, des chevrons, des tonnes, des barriques,
« des meubles de toute espèce, des charrettes, des paillers et une mul-
« titude d'animaux voire même d'êtres humains surpris dans les
« granges et les habitations par l'invasion des eaux. Bien des per-
« sonnes eurent à peine le temps de se sauver avec leurs enfants et
« leurs effets les plus précieux sur les toits des maisons, sur les
« arbres, dans la tribune des églises, laissant tout le reste à la garde
« de Dieu ! »

(Lettre extraite des archives de M. de La Ville, comte de Lacépède.)

M. Dudon, procureur général au Parlement de Bordeaux, invita, le 12 avril, les magistrats d'Agen et ceux du ressort à constater par des procès-verbaux l'étendue des maux soufferts par la perte des hommes, des bestiaux, des meubles et des récoltes de toute sorte. D'accord avec M. Farge, intendant de la province de Guyenne, il prescrivit de ramasser et d'enfouir profondément les animaux noyés et laissés sur la grève, en bien grand nombre, afin d'éviter la contagion pestilentielle.

M. Le Berthon, premier président à la même Cour, assura, le 25 avril, les maires et les échevins qu'il solliciterait du Roy, des secours en faveur des malheureux inondés.

Le livre journal des consuls d'Agen contient, à cette époque, le détail de plusieurs procès-verbaux dressés, le premier, par M. Jean-Joseph de Coquet, pour la ville d'Agen et ses faubourgs jusqu'à la Capelette.

Il reconnaît que la submersion des eaux y a détruit de fond en comble dix-huit maisons, miné et lézardé trente autres, enlevé quantité de meubles et effets et raviné entièrement cinq carterées de jardinage et trois carterées de guérets.

Le second, par MM. Pierre Barret et Alexandre de Cambes, pour les paroisses de la plaine rive droite, en amont d'Agen. Il constate la ruine entière de quatre cent quatre-vingt-cinq maisons, la perdition de dix bœufs ou vaches, six cochons, deux cent dix bêtes à laine et quatre cent soixante-dix gros arbres. Trois mille soixante-quatorze toises de berges de rivière avaient été emportées sur trois mètres de largeur. La majeure partie des effets mobiliers enlevés, avec les provisions de ménage et les fourrages destinés aux bestiaux.

La digue récemment construite auprès du château de Lafox avait fait refouler la force centrifuge des courants vers le hameau de Saint-Pierre-de-Gaubert et avait aggravé considérablement le dommage éprouvé par les familles de pêcheurs qui y avaient leurs domiciles.

En aval d'Agen, dans les paroisses de Monbran, Saint-Cyr, Montréal et Saint-Hilaire, les experts relevèrent la perte de quarante-cinq maisons, du mobilier et des provisions les assortissant, d'une grande quantité d'animaux domestiques et des trois quarts des récoltes en terre. Devant Colayrac, le rivage de la Garonne avait été déplacé sur une longueur de plus de trois cents toises, et par suite quarante-cinq mille pieds d'aubarèdes avaient disparu.

Le troisième, par MM. Louis Sémezard et Nodigier (aîné, pour les paroisses de Dolmayrac et de Monbusq, situées sur la rive gauche du fleuve. Il indique qu'il avait péri cent seize maisons, quarante-deux granges, quarante-quatre étables, neuf fours, cinq tuileries avec tous les effets mobiliers qui les garnissaient ; de plus, cent vingt brebis, quinze chèvres, deux chevaux et neuf cochons ; enfin, les deux tiers des guérets ravinés, la moitié des récoltes dévastées, tous les fossés comblés, cent journaux de rivage ou de marche-pied emportés ; en un mot, tout le territoire bouleversé de fond en comble.

A Agen, il fut constaté qu'au fur et à mesure que la Garonne diminuait, toutes les caves de la ville se remplirent d'eau. Ces infiltrations souterraines durèrent une huitaine de jours, comme en juin 1855.

Il résulte de l'ensemble des renseignements envoyés à M. Bertin, secrétaire d'Etat à Paris, que le montant des dommages éprouvés par la généralité de Guyenne, s'éleva, dans le mois d'avril 1770, à VINGT MILLIONS DE LIVRES. La sénéchaussée d'Agenais y était comprise pour *cinq millions trois cent cinquante-cinq mille livres.*

Ces chiffres disent hautement pourquoi la date néfaste de 1770 resta profondément gravée dans la mémoire des hommes de cette génération.

Reprenons l'ordre chronologique de ces sinistres.

Le 20 mars 1771, le fleuve pénétra dans la ville, sans y causer les mêmes dommages. Il y eut une procession des corps saints, comme l'année précédente.

1772 — 8 et 9 décembre ; l'eau s'éleva à 3 pans de moins qu'en 1770, c'est-à-dire à 10 mètres 23 centimètres.

1777 — 31 mai, hauteur 9 mètres 10. Le débordement empêcha la tenue de la foire du Gravier et l'arrivée des barques génoises dont les chargements de faïence et de pâtes d'Italie trouvaient, à Agen, de faciles débouchés.

1791 — Une première crue eut lieu le 30 janvier, avec 9 mètres d'altitude. Une deuxième apparut le 26 décembre et dura quatre jours.

1793 — 12 février ; l'inondation arriva pendant le règne de la Terreur. Les subsistances étaient rares et fort chères, par suite la misère eut-elle un redoublement d'intensité.
    — (*Aygat de la poou.*)

Le 17 décembre 1801 marque la date du premier débordement du siècle actuel. XIXᵉ siècle.

1802 — En février et mars, il y eut cinq grandes crues successives qui emportèrent encore une fois la digue élevée en 1691, sur la partie centrale du Gravier d'Agen.

1807 — Du 5 au 11 février, il tomba 110 millimètres d'eau. La Garonne parut sur le Gravier.

1811 — 15 février ; première crue.

20 mai. — L'inondation interrompit les communications avec Bordeaux et empêcha l'installation de la Cour impériale d'Agen.

1813 — 22 et 23 octobre ; le débordement intercepte encore toutes les relations.

1814 — 18 janvier.

1816 — 23 avril ; très forte crue à Toulouse, de 5 mètres 10.

1823 — 10 mars ; l'eau arrive à 6ᵐ 60 à Agen.

1825 — 22 décembre — 6 06 ; il tomba dans ce mois 103 millimètres de pluie.

1826 — 8 janvier — 8 72.

1827 — 22 mai — 9 51, à Agen ; 7ᵐ 36 à Toulouse.

1829 — 29 mai — 6 52 —

1833 — 5 février — 8 36 —

1835 — 31 mai et 1ᵉʳ juin ; 9 mètres 82 à l'échelle d'Agen, au moment de la tenue de la foire du Gravier, dont les préparatifs étaient achevés. Les baraques des marchands étalagistes et le cirque de la troupe Kennebel furent emportés. La crue devint fatale aux récoltes, parce que les froments étaient en fleur.

1837 — 30 avril... 7ᵐ 68

1839 — 6 février.. 6 20

1841 — 5 avril.. 6 59

1842 — 3 mai (à minuit).................................... 7 14

1843 — 13 janvier (10 heures du soir................... 6 59

— 21 février... 6 04

— 3 mars.. 6 33

— 2 mai... 6 32

1844 —	9 janvier (10 heures matin............................	9	12
—	9 février (minuit)................................	7	37
—	29 février et 1ᵉʳ mars (7 heures matin)....	7	80
1845 —	21 janvier (11 heures du soir)............	6	86
—	30 janvier.................................	8	49
—	16 avril...................................	6	23
—	5 juin....................................	6	11
—	20 juin...................................	6	57
1848 —	2 avril....................................	6	44
1850 —	9 février.................................	7	47
1853 —	12 juin (5 heures du soir..................	8	41
1854 —	20 juin (midi).............................	6	33
1855 —	16 mars...................................	6	46
—	23 mai....................................	6	60
—	4 juin (midi)..............................	10	06

Cette inondation prodigieuse rappelle les sinistres souvenirs de 1770 ; elle est la plus meurtrière de ce siècle.

A Toulouse, elle atteignit 6 mètres 49

A Casiets,   —   11 — 16

Et à Bordeaux, —   9 — 65

Elle survint à une époque où les récoltes étaient en pleine floraison. En peu d'instants, ces richesses immenses du bassin de la Garonne furent anéanties. Les blés détruits, les fourrages envasés, les guérets emportés ou couverts de graviers, les constructions agricoles renversées, le bétail noyé. C'est par de prodigieux efforts que l'on parvint à sauver les malheureux réfugiés, souvent avec leur famille, sur les toits des maisons. Beaucoup d'habitations riveraines du fleuve ont été détruites et les ouvrages publics établis dans son lit ou sur ses bords profondément dégradés. Il faut avoir été témoin de cet immense désastre pour s'en faire une juste idée et comprendre l'étendue des dommages qui s'élevèrent, de Toulouse à Bordeaux, à plus de **24 millions de francs.**

L'année 1856, loin de réparer les malheurs de 1855, les augmenta énormément. Les pluies furent en permanence durant tout le premier semestre ; aussi vit-on une série de 5 grandes crues.

Les voici par ordre :

15	avril à	5 h.	du soir.....	7ᵐ 82
12	mai	11	du soir.....	9 18
17	mai	2	du soir.....	6 62
1ᵉʳ	juin	6	du matin ...	9 17
16	juin		minuit.........	8 67

Entre Toulouse et Bordeaux, les 46,000 hectares de la basse plaine furent plusieurs fois ensemencés et trois fois submergés.

Les pertes furent évaluées ainsi qu'il suit :

Dans le département de la Haute-Garonne à....	2.457.945
Idem. Tarn-et-Garonne.....	2.226.499
Idem. Lot-et-Garonne......	11.431.279
Total (Gironde non comprise)....	16.115.723

1865 — 17 janvier (7 h. du soir) ; 6 m. 39.

1866 — 25, 26 et 27 septembre.

Cette inondation, insolite pendant le mois où elle s'est montrée, eut lieu après trois jours de pluies diluviennes qui donnèrent une couche d'eau de 68 millimètres d'épaisseur.

Elle eut son principe dans la région élevée de la chaine des Cévennes, où le Lot et le Tarn prennent leurs sources.

Le dimanche 24 septembre, le Lot déborda le premier, à 20 kilomètres de Mende (Lozère). Dans ces parages, à déclivités très rapides, les eaux arrivaient à 3 mètres 17 au-dessus de l'étiage.

Le lundi 25, les eaux du Lot étaient à 5ᵐ 85 à Capdenac.

		6 10 à Cahors, *chef-l. du dép.*
Le mardi 26,	—	10 60 à Villeneuve.
	—	9 10 à Aiguillon, *confluent avec la Garonne.*

Pendant ce temps, la vallée du Tarn, dont la ligne est assez parallèle à celle du Lot, était non moins maltraitée. Le maximum de la crue atteignit, le 25 septembre, à minuit, au pont de Montauban, 5 mètres 63.

La Garonne n'a fourni qu'un très faible contingent, puisqu'à Toulouse, le 26 septembre, le fleuve ne dépassait pas 2 mètres 50.

A Agen, en aval du Tarn, la cote était le 26, à 5 heures du soir, de.. 7 ™ .

A Tonneins, en aval du Lot, le 27, à 4 h. du matin.... 9 22

A Langon, le 28, à 6 h. du matin...... .... 8 31

Le caractère exceptionnel de cette crue consiste dans son extrême rapidité, à pareil moment de l'année.

Les vignobles de la basse plaine n'étaient pas encore vendangés. Ils furent littéralement dépouillés de leurs fruits.

Certaines digues insubmersibles élevées le long du fleuve eurent à souffrir ; celle de Sénestis, qui rétrécit le lit des crues et le réduit à 220 mètres de largeur, fut rompue et les terrains avoisinants profondément ravinés et couverts de graviers.

En amont de Bordeaux, la crue coïncida avec la grande marée d'équinoxe. Cette rencontre du reflux océanique avec le flot descendant rendit la crue bien plus nuisible, à partir de Langon. En regard de Langoiran et de Portels, où la plaine est plus basse, l'étale des eaux fut extraordinaire et occasionna, par sa soudaineté, des pertes considérables.

1868. — L'inondation du 20 octobre a été remarquable sous le rapport de sa progression très rapide, occasionnée par de fortes pluies pendant les journées des 17, et 18 et 19, et sous l'influence des vents d'Ouest et de Nord-Ouest. Ce phénomène débuta par le gonflement des rivières qui dérivent du plateau de Lannemezan (Hautes-Pyrénées). Le Salat, la Pique, la Save, la Gimone, le Gers et la Baïse franchirent leur lit respectif et donnèrent le signal de la crue.

Sur un autre point dans la région des Cévennes, des averses diluviennes grossirent d'une manière instantanée les cours du Tarn et du Lot.

Le 19 octobre, les eaux du Tarn atteignaient à Alby 7 mètres au-dessus de l'étiage.

La crue de la Garonne était en pleine décroissance, lorsque celle du Tarn vint s'y mêler à l'embouchure de Malause.

Le 20, à 10 heures du matin.

Les effets de la crue du Lot furent plus accélérés qu'en septembre 1867.

Le flot porta la dévastation en amont de Cahors et enleva 25,000 traverses de chêne, au dépôt de la compagnie du chemin de fer d'Orléans, dans les environs de Capdenac.

En aval de Cahors, le pont en pierre, à trois arches, en arc de cercle, presque terminé à Puy-l'Évêque, fut renversé et les cintres avec le pont de service en bois furent brisés et emportés à la dérive.

À Villeneuve, l'eau était montée à 9ᵐ 53, à l'échelle des quais.

Au confluent avec la Garonne, à la pointe de Rébéquet, en aval d'Aiguillon, la crue progressait d'un mètre 10 centimètres à l'heure.

D'après les relevés garonnométriques, l'étale atteignit à Nicole, le 20 octobre à deux heures du soir, 8ᵐ 80.

Les limons entraînés étaient en très grande abondance, à cause du ravinement des terrains fraîchement labourés pour les semailles d'automne.

1872 — Le 31 juillet, une tempête extraordinaire fondit dans le val d'Aran, en noyant une bonne partie de la chaîne des Pyrénées. — Un débordement exceptionnel surgit dans ces hautes régions et, à cette époque de l'année, la crue atteignit à Toulouse 5 mètres 06 au-dessus de l'étiage, tandis qu'à Agen le gonflement arrivait à peine à 5 mètres et à Marmande à 5ᵐ 52.

Du 19 au 22 octobre, après 67 millimètres de pluie tombée dans la partie supérieure des bassins du Lot et du Tarn, ces rivières entrèrent en pleine crue.

Le Tarn arriva à Montauban,	le 20	à 8ʰ du matin	à 8ᵐ 32
La Garonne, à Agen,	le 21	à 9 —	à 7 32
Le Lot, à Villeneuve,	le 21	à 1 —	à 8 74
La Garonne, à Nicole,	le 21	à 4ʰ du soir	à 9 40
— à Tonneins,	le 21	à 9 —	à 8 86
— à Marmande,	le 22	à 4ʰ du matin	à 8ᵐ 92
— à Langon,	le 22	à 8 du soir	à 8 48

Les digues longitudinales furent successivement rompues sur les bords de la Garonne, aux jettins de Marmande, à Taillebourg et à Sénestis.

1873. — Du 20 au 25 janvier.

Une première inondation fut déterminée par des averses persistantes (60 millimètres 15 d'eau).

La Baïse, à Condom,	arriva,	le 25 janvier,	à	2ᵐ	40
Le Gers, à Auch,	—	le 25	—	à 4	10
La Garonne, à Toulouse,	—	le 24	—	à 3	10
... à Agen,	—	le 25	—	à 7	66
— à Marmande,	—	le 26	—	à 9	33
— à La Réole,	—	le 27	—	à 9	31

La deuxième crue commença le vendredi 28 février, à une heure du soir, et son maximum eut lieu le 3 mars.

Etale du Tarn, à Montauban,	le 2 mars,	à 10 h. soir,	4ᵐ	10
— du Gers, à Auch,	le 2 mars,	à 9 h. soir,	3	80
— du Lot, à Capdenac,	le 3 mars,	à 10 h. mat.	4	20
— — à Villeneuve,	le 3 mars,	à 11 h. soir,	6	45
de la Garonne, à Toulouse,	le 2 mars,	à 5 h. soir,	3	20
— à Agen,	le 3 mars,	à 8 h. soir,	7	32
— à Marmande,	le 4 mars,	à 6 h. soir,	9	10

La troisième inondation survint le 13 mars et fut plus faible que la précédente.

Mais la quatrième fut d'une durée exceptionnelle. Elle débuta le 3 avril et se prolongea jusqu'au 21 du même mois, par trois relèvements successifs.

Le maxima relevé le 3 avril, au port d'Agen, atteignit 6 mètres 76.

L'année 1874, remarquable par une longue sécheresse, n'a pas vu surgir, jusqu'au 1ᵉʳ juillet, de crue méritant d'être signalée.

Nous aurions encore à compléter ce travail et à traiter la question si controversée des voies et moyens propres à remédier aux graves inconvénients des inondations; mais cette partie de notre étude, déjà couronnée au Concours général ouvert en juin 1856, par l'Académie des sciences de Bordeaux, fera bientôt l'objet d'une publication spéciale.

Les documents qui nous ont servi à esquisser la présente *Notice sur les débordements de la Garonne* font partie des archives municipales de Bordeaux, d'Agen et de Toulouse, en ce qui touche les temps anciens, et pour le siècle actuel, les renseignements sont extraits des collections du ministère des Travaux publics.

Agen, le 1er juillet 1874.

AGEN — IMPRIMERIE DE PROSPER NOUBEL.